CYNTHIA HICKEY

Learning to Read is Fun!

First Grade

Cynthia Hickey

ISBN: 978-1-962168-45-8

Special thanks to education.com, eu1.factorio.com

DEDICATION

To all the budding readers.

Word List

Again, air, all, along, any, around, both, come, does, don't, earth, even, find, give, good, am, an, and, are, as, at, be, been, but, by, called, can, come. Could, day, did, do, down, each, find, first, for, from, get, go, had, has, have, he, her, him, his, how, if, in, into, is, it, its, like, long, look, made, make, many, may, my, no, not, now, number, of, on, one, or, other, out, part, people, said, see, she, so, some, than, that, the, their, them, then, there, these, they, this, time, to, two, up, use, was, water, way, we, were, what, when, which, who, will, with, words, would, write, you, your, can, ran, man, hat, sat, cat, cap, map, the, my, ham, had, mad, bad, bag, rag, ask, has, and, have, pin, win, hit, sit, bit, bill, hill, will, come, are, if, his, him, big, pig, wig, kick, pick, sick, play, want, hot, not, got, lot, pot, pop, hop, mop, top, stop, they, walk, dog, log, box, fox, mom, cost, lost, rock, lock, block, all, that, men, ten, pen, hen, end, send, sent, set, let, get, went, said, bed, red, fed, led, sell, bell, tell, fell, spell, well, was, put, us, bus, run, fun, sun, sum, but, cut, just, must, friend, when, than, bath, then, help, this, ring, long, song, jump, bring, thing, with, for, corn, born, core, more, sort, short, door, floor, white, plane, side, late, time, saw, state, shape, came, game, over, quite, line, like, mine, what, gate, wide, fine, take, lake, ride, because, while, bone, cone, stone, close, nose, rose, those, hope, rope, home, here, people, tube, cube, cute, mute, flute, rule, mule, tune, use, huge, boy, why, ate, same, made, smile, bike, dime, rode, close, dune, prune, every, some, car, farm, arm, art, part, start, chart, march, morning, many, me, he, she, free, tree, three, meet, feet, keep, deep, house, there, eat, seat, beat, heat, meat, lead, read, each, teach, please, could, should, low, row, show, own, road, boat, coat, coast, toast, throat,

who, would, day, say, pay, way, away, rain, main, train, wait
Paint, spring, father, lie, pie, sky, dry, mother, copy, baby,
lady, tiny, study, pretty, happy, funny, bunny, penny,
brother, sister, might, night, bright, flight, summer, only

Word Search

```
C F E W A A B O U T
A H A V R M A D P A
R E A T E O W O E N
R R A N H R A B C S
Y E N G G E Y E O W
G F O U R E R C U E
R K T H I G H A L R
E N H H A V E U D F
A H E A D A L S O U
T F R O M R B E E N
```

another	because	father	here	answer
carry	great	also	been	change
every	away	high	do	about
could	more	head	eye	have
from	four	are		

Word Search

```
S M A N D A W O H A
O C A I R A B E E N
Z C B O T H G Y B Y
A R O U N D I A Y A
A D X M B G V E I S
L F O U E O E A A N
L E I E I O B R L D
R X V N S D U T O O
A A T E D O T H N N
M A R E N N I I G T
```

around	again	been	give	earth
good	even	find	does	along
air	are	come	and	am
an	but	at	both	dont
any	all	as	be	by

Word Search

```
E A B A D J W H C D
H C H M I O W I A F
O H O A D F W M L R
W E A M V F I N L O
F O R J E E I N E M
D O W H A D D R D G
O H I S Z C E I S O
H C O U L D A G H T
A F A U P A C N E D
S C K M A Y H M R T
```

called	could	first	each	come	down
have	find	from	had	his	her
has	get	for	did	can	day
him	how	go	he	do	

Word Search

```
S I V O O I M A D E
I N I O I T L O O K
Q T N O F P H M H M
O O S U Y L N E W A
R D W X M O O O R Y
X O N M Q B F N T M
B N L Y M B E B G A
P O R H A J K R G N
M W Q A K H Z S A Y
C L I K E O N E I S
```

number	other	make	long	made
look	like	may	many	its now
one	is	not	my	no it
in	on	of	into	or if

Word Search

```
P A R T H A T S O U
T T T H I S U H U S
H N O M T I M E T E
E A Z P A T H E S E
R S T A E P I T R T
E A H A K O I W S H
E I E T Y J P O O A
C D I T H E N L M N
S U R T H E Y E E C
O P T Q O C M T H E
```

people	their	these	said	there	time
this	they	some	that	them	then
the	see	so	to	than	part
two	out	she	use	up	

Word Search

```
W H E N W H A T Y F
U C A P V H O T O Q
W W W R B W I G U W
W O I I A R A C M H
R Y U L T N S T H A
I F W L L H A Q E T
T W C E D W T Y M R
E A A C R E W O A C
U S T A U E H U N X
W A Y N Y W O R D S
```

words	which	water	with	would
write	were	will	when	what
cat	ran	your	hat	was
who	sat	man	can	you
way	cap	we		

Word Search

```
M R S I T Q A R E R
A L A L A N D H P H
D Q U G H H W A I A
U C B F A V I D N S
Q M O I M H L L P Q
P A A M T A L D L M
T P K S E V Y W G Y
O H R V K E B F I I
B V E Y B A G A G N
B I L L K H I T D S
```

have	come	will	hill	bill	map
bit	win	pin	sit	hit	and
has	the	ask	rag	bag	bad
are	mad	had	ham	my	

Word Search

```
P P B E H O P P K L
I W A L K I D O T O
G Z C K H K M P H T
P L A Y G I I U E V
P P Z B M F W C Y W
H O R I O C G A K I
O I T G P L O P N G
T P I C K N T I Z T
T S T O P O S I C K
Y W T O P T H I S U
```

walk	they	stop	kick	pick	sick
play	top	want	pot	hop	pop
lot	got	mop	wig	his	him
hot	not	pig	big	if	

Word Search

```
B T K E H X C P E N
O E X N G M P O A M
X N R D L O C K S H
F B A O H M S W M T
T M L F C G C E E M
D S L O T K E N N W
O E O X C H L T Q T
G N G L Z K E Y Y S
B D F T Q J T N B E
F H R T H A T X S T
```

block	went	lock	rock	sent	cost
send	hen	that	get	let	end
set	log	pen	box	dog	ten
all	fox	mom	men		

Word Search

```
S M U S T F P B F V
C P W A Y L R E D F
U F E L L E F D V B
T U B L C D S U M U
Y S E E L T N J N S
W T E L L S A I D T
W E L L K L E Y U W
Y F F J U S T L E A
U N E R U N U W L S
P U T D B U T N C G
```

spell	said	tell	just	fell	well	
must	bell	sell	led	fed	put	bus
run	sun	sum	fun	but	cut	red
bed	was	us				

Word Search

```
J U M P I S O R T N
B S H E L P T H I S
F L O O R S O N G H
C B R I N G F O R O
O Y D F R I E N D R
R W O Z G B O R N T
N H O T H E N D Y B
M E R C O R E R K A
O N W I T H I N G T
T H A N M O R E P H
```

friend	thing	short	floor	bring
corn	than	sort	more	core
born	then	help	when	door
bath	jump	song	this	with
for	ring			

Word Search

```
S A W L A T E V W T
S F G S E U S S L I
I I G W H A T T I M
D N P A W A L A K E
E E W L T I P T E O
G M W D A E D E Q V
A I H X I N K E U E
M N I L I N E N I R
E E T C A M E X T X
T V E K X T A K E R
```

white	state	quite	gate	plane
shape	line	wide	side	came
like	fine	late	game	mine
take	time	over	what	lake
saw				

1

Word Search

```
T H O S E R O P E C
W S H P E O P L E O
H B E C A U S E O N
I F R D R S M U T E
L C E T C U T E U N
E F U U Q C L O S E
R L K B S H H L N Z
I U C E E B O N E E
D T N O S E M P J K
E E P R O S E C E Y
```

because	flute	while	cute	people
close	those	here	mute	stone
cube	nose	cone	bone	tube
ride	home	rope	rose	hope

29

Word Search

```
Y D I M E R R U L E
S R V F C E O A S J
O Q X V L V U D O B
M P A D O E S O E I
E P F T S R E M C K
M D R T E Y W S A E
U U J U M K H M R H
L N R N N A Y I B U
E E L E G E D L O G
Q S A M E Y J E Y E
```

smile	every	prune	bike	close
dune	rode	ate	some	dime
made	why	same	mule	boy
rule	huge	tune	use	car

Word Search

```
P A R T M M A N Y S
R E S F A R Q F O T
S M F A R A B E F A
H E A D C M R E H R
E C R E H O Z T E T
G H M E T R T R E E
W A F P H N M K K P
A R R F R I O E E W
R T E I E N J J E J
M Y E C E G B H P T
```

morning	chart	start	tree	march
feet	deep	farm	meet	three
many	far	part	arm	keep
art	free	she	he	me

Word Search

```
F L S H O W P E A T
R E A D W A H E A T
T A L C O U L D S B
I D G T H O U S E E
E M T S P R N Z A A
A E E H Y L R X T T
C A A O T H E R E R
H T C U O W N A T O
A Q H L B O A T S W
R O A D L O W R R E
```

should	please	house	each	there
teach	meat	read	could	beat
show	seat	cat	boat	low
lead	heat	road	row	own

35

Word Search

```
P C N M P I E D A Y
Q O B Z A H P A Y R
T A S A Y I O X W A
H T S P R I N G H I
R A W A Y R F W O N
O W G Y L J A C T T
A A P A I N T O O R
T Y V N E C H A A A
W A I T H D E S S I
A W O U L D R T T N
```

throat	father	toast	coat	spring
would	pain	wait	main	away
way	train	pay	say	day
rain	coast	who	lie	pie

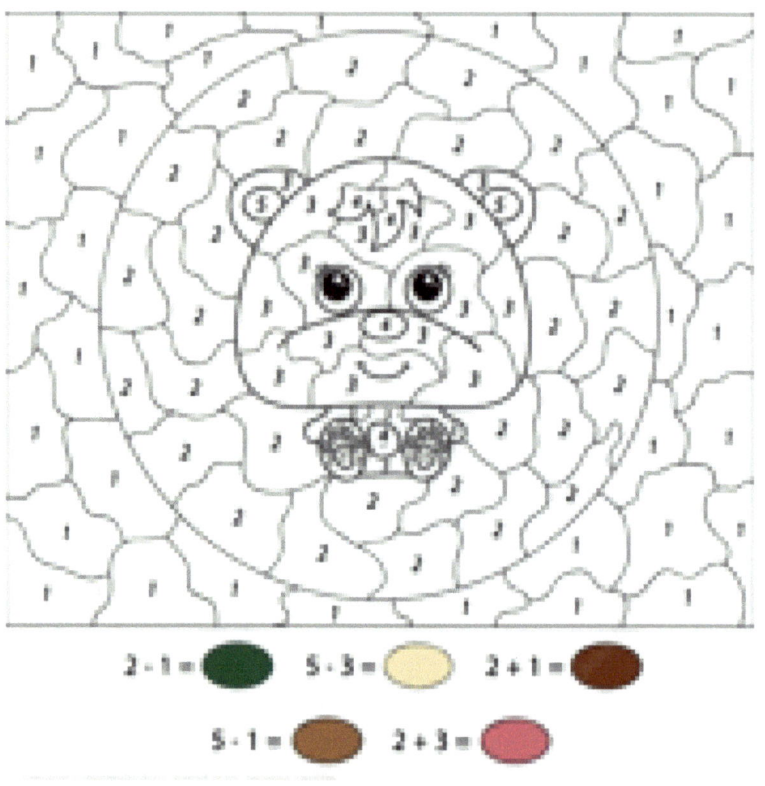

2 - 1 = 🟢   5 - 5 = 🟡   2 + 1 = 🟤

5 - 1 = 🟤   2 + 3 = 🔴

Word Search

```
B R I G H T L A D Y
T I N Y F B U N N Y
O F Q Q U L B A B Y
S U M M E R I O B C
D N S S O N I G H T
R N K P I T C D H W
Y Y Y A E S H O C T
M I G H T N T E P Y
P R E T T Y N E R Y
B R O T H E R Y R I
```

brother	summer	mother	copy
flight	sister	pretty	tiny
penny	bright	baby	lady
night	might	funny	dry
bunny	sky		

The giraffe at the start of the path wants to join her friend at the water hole. Please find the way for her.

Quick! Help Sam get to school on time!

Word Search

```
C F E W A A B O U T
A H A V R M A D P A
R E A T E O W O E N
R R A N H R A B C S
Y E N G G E Y E O W
G F O U R E R C U E
R K T H I G H A L R
E N H H A V E U D F
A H E A D A L S O U
T F R O M R B E E N
```

another	because	father	here
answer	change	About	have
carry	every	could	from
great	away	more	four
also	high	head	are
been	do	eye	

Word Search

```
S M A N D A W O H A
O C A I R A B E E N
Z C B O T H G Y B Y
A R O U N D I A Y A
A D X M B G V E S S
L F O U E O E A A N
L E E I O B R L D O
R X V N S D U T O O
A A T E D O T H N N
M A R E N N I I G T
```

around	again	been	give
earth	good	even	find
does	along	air	are
come	and	am	an
but	at	both	dont
any	all	as	be
by			

Word Search

```
E A B A D J W H C D
H C H M I Q W I A F
O H O A D F W M L R
W E A M V F I N L O
F O R J E E I N E M
D O W H A D D R D G
O H I S Z C E I S O
H C O U L D A G H T
A F A U P A C N E D
S C K M A Y H M R T
```

called	could	first	each
come	down	have	find
from	had	his	her
has	get	for	did
can	day	him	how
go	he	do	

Word Search

```
S I V O O I M A D E
I N I O T L O O K
Q T N O F P H M H M
O O S U Y L N E W A
R D W X M O O O R Y
X O N M Q B F N T M
B N L Y M B E B G A
P O R H A J K R G N
M W Q A K H Z S A Y
C L I K E O N E I S
```

number	other	make	long
made	look	like	may
many	its	now	one
is	not	my	no
it	in	on	of
into	or	if	

Word Search

```
P A R T H A T S O U
T T T H I S U H U S
H N O M T I M E T E
E A Z P A T H E S E
R S T A E P I T R T
E A H A K O W S H
E I E T Y J P O O A
C D I T H E N L M N
S U R T H E Y E E C
O P T Q O C M T H E
```

people	their	these	said
there	time	this	they
some	that	them	then
the	see	so	to
than	part	two	out
she	use	up	

Word Search

```
W H E N W H A T Y F
U C A P V H O T O Q
W W W R B W I G U W
W O I A R A C M H
R Y U L T N S T H A
I F W L H A Q E T
T W C E D W T Y M R
E A A C R E W O A C
U S T A U E H U N X
W A Y N Y W O R D S
```

words	which	water	with
would	write	were	will
when	what	cat	ran
your	hat	was	who
sat	man	can	you
way	cap	we	

Word Search

```
P P B E H O P P K L
I W A L K I D O T O
G Z C K H K M P H T
P L A Y G I U E V
P P Z B M E W C Y W
H O R I O C G A K I
O T G P L O P N G
T P I C K N T I Z T
T S T O P O S I C K
Y W T O P T H I S U
```

walk	they	stop	kick
pick	sick	play	top
want	pot	hop	pop
lot	got	mop	wig
his	him	hot	not
pig	big	if	

Word Search

```
B T K E H X C P E N
O E X N G M P O A M
X N R D L O C K S H
F B A O H M S W M T
T M L F C G C E E M
D S L O T K E N N W
O E O X C H L T Q T
G N G L Z K E Y Y S
B D F T Q J T N B E
F H R T H A T X S T
```

block	went	lock	rock
sent	cost	send	hen
that	get	let	end
set	log	pen	box
dog	ten	all	fox
mom	men		

Word Search

```
S M U S T F P B F V
C P W A Y L R E D F
U F E L E F D V B
T U B L C D S U M U
Y S E E L T N I N S
W T E L L S A I D T
W E L I K L E Y U W
Y F F J U S T L E A
U N E R U N U W L S
P U T D B U T N C G
```

spell	said	tell	just
fell	well	must	bell
sell	led	fed	put
bus	run	sun	sum
fun	but	cut	red
bed	was	us	

Word Search

```
J U M P I S O R T N
B S H E L P T H I S
F L O O R S O N G H
C B R I N G F O R O
O Y D F R I E N D R
R W O Z G B O R N T
N H O T H E N D Y B
M E R C O R E R K A
O N W I T H I N G T
T H A N M O R E P H
```

friend	thing	short	floor
bring	corn	than	sort
more	core	born	then
help	when	door	bath
jump	song	this	with
for	ring		

Word Search

```
S A W L A T E V W T
S F G S E U S S L I
I I G W H A T T I M
D N P A W A L A K E
E E W L T P T E O
G M W D A E D E Q V
A I H X I N K E U E
M N I L I N E N I R
E E T C A M E X T X
T V E K X T A K E R
```

white	state	quite	gate
plane	shape	line	wide
side	came	like	fine
late	game	mine	take
time	over	what	lake
saw			

Word Search

```
T H O S E R O P E C
W S H P E O P L E O
H B E C A U S E O N
I F R D R S M U T E
L C E T C U T E U N
E F U U Q C L O S E
R L K B S H H L N Z
I U C E E B O N E E
D T N O S E M P J K
E E P R O S E C E Y
```

because	flute	while	cute
people	close	those	here
mute	stone	cube	nose
cone	bone	tube	ride
home	rope	rose	
hope			

Word Search

```
Y D I M E R R U L E
S R V F C E O A S J
O Q X V L V U D Q B
M P A D O E S O E I
E P F T S R E M C K
M D R T E Y W S A E
U U J U M K H M R H
L N R N N A Y I B U
E E L E G E D L O G
Q S A M E Y J E Y E
```

smile	every	prune	bike
close	dune	rode	ate
some	dime	made	why
same	mule	boy	rule
huge	tune	use	car

Word Search

```
P A R T M M A N Y S
R E S E A R Q F O T
S M F A R A B E F A
H E A D C M R E H R
E C R E H O Z T E T
G H M E T R T R E E
W A F P H N M K K P
A R R F R I O E E W
R T E I E N J J E J
M Y E C E G B H P T
```

morning	chart	start	tree
march	feet	deep	farm
meet	three	many	far
part	arm	keep	art
free	she	he	me

Word Search

```
F L S H O W P E A T
R E A D W A H E A T
T A L C O U L D S B
I D G T H O U S E E
E M T S P R N Z A A
A E E H Y L R X T T
C A A O T H E R E R
H T C U O W N A T O
A Q H L B O A T S W
R O A D L O W R R E
```

should	please	house	each
there	teach	meat	read
could	beat	show	seat
eat	boat	low	lead
heat	road	row	own

Word Search

```
P C N M P I E D A Y
Q O B Z A H P A Y R
T A S A Y O X W A
H T S P R I N G H I
R A W A Y R F W O N
O W G Y L J A C T T
A A P A I N T O O R
T Y V N E C H A A A
W A I T H D E S S I
A W O U L D R T T N
```

throat	father	toast	coat
spring	would	paint	wait
main	away	way	train
pay	say	day	rain
coast	who	lie	pie

45

Word Search

```
B R I G H T L A D Y
T I N Y F B U N N Y
O F Q Q U L B A B Y
S U M M E R I O B C
D N S S O N I G H T
R N K P I T C D H W
Y Y Y A E S H O C T
M I G H T N T E P Y
P R E T T Y N E R Y
B R O T H E R Y R I
```

brother	summer	mother	copy
flight	sister	pretty	tiny
penny	bright	baby	lady
night	might	funny	dry
bunny	sky		

www.ingramcontent.com/pod-product-compliance
Lightning Source LLC
Chambersburg PA
CBHW040853120626
46547CB00006B/587